AF245048

LES ALLIANCES

DE L'EMPIRE

EN 1869 ET 1870

PAR

LE PRINCE NAPOLÉON BONAPARTE (JÉROME)

PARIS

E. DENTU, ÉDITEUR

LIBRAIRE DE LA SOCIÉTÉ DES GENS DE LETTRES

PALAIS-ROYAL, 15-17-19, GALERIE D'ORLÉANS

LES ALLIANCES

DE L'EMPIRE

EN 1869 ET 1870

PAR

Le Prince NAPOLÉON BONAPARTE (Jérome)

PARIS

E. DENTU, LIBRAIRE-ÉDITEUR

PALAIS-ROYAL, 15-17-19, GALERIE D'ORLÉANS

———

1878

LES
ALLIANCES DE L'EMPIRE

EN 1869 ET 1870

L'histoire a ses droits.

Le patriotisme a ses devoirs.

En face des désastres de la France, ceux qui ont eu une part dans la politique contemporaine doivent faire connaître la vérité.

A chaque parti la responsabilité de ses actes. Il en est un, le parti clérical, qui a perdu l'empire et perdra tous les gouvernements qui se laisseront dominer par lui.

Ce parti, après toutes les imprudences, toutes les audaces, voudrait avoir toutes les impunités, toutes les glorifications. Cela ne doit pas être, et, pour le juger, il n'y a qu'à connaître les faits.

La diplomatie n'a plus de mystères aujour-
d'hui. Le temps moderne marche vite, accéléré
par la liberté de la presse et les communications
rapides. Les secrets diplomatiques n'ont qu'une
courte durée; les révélations faites par tous les
cabinets en sont la preuve. Faire connaître la
vérité sur les malheurs de la France n'est pas
une indiscrétion, c'est l'accomplissement d'un
devoir.

La mort récente du roi Victor-Emmanuel en-
lève aux détails historiques que nous donnons ce
qu'ils pouvaient avoir d'inopportun, et cette pu-
blication est un nouveau témoignage de la bien-
veillante reconnaissance du roi d'Italie envers la
France, de sa grande perspicacité dans la politique européenne et de son habileté dans la
conduite du peuple italien, qui lui doit sa natio-
nalité et ses libertés.

La situation que j'occupais, mes liens de
famille, l'amitié d'enfance qui m'unissait à l'empereur, les missions que j'ai remplies, m'ont
mis à même de bien connaître ces négociations.

J'ai toujours eu pour l'empereur, mon cousin,
un dévouement complet dont je crois lui avoir
donné des preuves par la franchise de ma conduite, par mon opposition même à tant d'actes de

son gouvernement, rôle ingrat qui donne rarement le pouvoir et l'influence et expose à toutes les calomnies. Ma seule satisfaction, je l'ai trouvée dans le sentiment du devoir accompli. Mon rôle personnel, tantôt effacé, tantôt prépondérant, a eu invariablement le même but : la grandeur de la France, poursuivie par l'alliance des Napoléons avec les idées démocratiques.

I.

SITUATION DE LA FRANCE, L'AUTRICHE ET L'ITALIE, APRÈS 1866.

La guerre de 1866 entre l'Autriche, la Prusse et l'Italie, avait produit un trouble profond dans les relations internationales. Les victoires si rapides et si complètes de la Prusse modifiaient les rapports de toutes les puissances européennes. Après une pareille commotion, les grandes nations devaient se recueillir et chercher à rétablir leurs situations réciproques. Nous ne voulons ni exposer ni apprécier ici les diverses politiques que pouvait suivre Napoléon III. Nous nous bornons à constater celle qu'il adopta, dont voici les lignes générales :

Vis-à-vis de la Prusse, après avoir tenté vainement d'obtenir un agrandissement territorial en compensation des conquêtes énormes de cette puissance, la méfiance.

Vis-à-vis de l'Autriche, dont il avait empêché l'écrasement après Sadowa, la volonté de l'aider à se relever.

Vis-à-vis de l'Italie, une amitié constante. (Les victoires de la Prusse venaient en fait de donner la Vénétie à l'Italie, et la cession de cette province par l'Autriche à la France, qui la retrocédait à l'Italie, ne s'explique que par des considérations d'amour-propre.)

Enfin, vis-à-vis des États romains, le désir d'évacuer Rome et de revenir à la convention du 15 septembre 1864, annulée par une nouvelle occupation.

L'empereur, par crainte du parti clérical, que son entourage lui représentait comme très-influent, n'osait abandonner le pouvoir temporel du pape à Rome, et cependant, dans son opinion intime, il le condamnait. Cette conviction s'était formée chez lui par l'étude de la politique de Napoléon Ier et par ses souvenirs de jeunesse, alors que, parmi les insurgés italiens de 1831, il prenait part à la révolution contre le pape. Souvent Napoléon III se plaignait de la fatalité qui semblait le river à cette question depuis l'expédition de 1849, commencée par la république et le général Cavaignac. Il se croyait lié par un sentiment de délicatesse, au moins vis-à-vis du pape actuel. Il comptait vaguement sur l'avenir, le changement du pontife romain, des événements imprévus, pour sortir la politique française de cette impasse. Dans les dernières années de son règne, sa santé ébranlée affaiblissait encore sa volonté, augmentait ses irrésolutions et le livrait sans retour à ceux qui l'ont perdu.

Le mot de cette politique néfaste, M. Rouher l'a prononcé à la tribune quand il a dit : « *Jamais l'Italie n'ira à Rome.* » (Décembre 1867.) De ce jour et par cette faute que les événements n'ont fait qu'aggraver, nous n'avons plus eu d'alliances actives en Europe. Ces paroles ont eu pour conséquence d'isoler la France de l'Italie et de l'Autriche, seules puissances sur le concours desquelles elle pouvait compter avec la politique adoptée depuis 1866, et cette vaine et imprudente déclaration n'a même pas sauvé le pouvoir temporel.

Les complications survenues à l'occasion du Luxembourg, qui, enlevé à la confédération germanique et neutralisé par l'Europe, ne fut pas cédé à la France, firent voir d'une manière éclatante les dangers que courait la paix.

Un malaise général pesait sur l'Europe. La France se sentait menacée par une agglomération politique sur ses frontières de 40 millions d'Allemands dont l'unité militaire était déjà accomplie par les conventions spéciales intervenues entre l'Allemagne du Nord, la Bavière, le Wurtemberg, le grand-duché de Bade et la partie restée libre de la Hesse grand-ducale. La Prusse, placée à la tête de la confédération de l'Allemagne du Nord, n'avait aucune confiance dans la paix. Elle constatait de la mauvaise humeur dans l'empire français et lui prêtait des projets d'agression. L'Autriche venait de perdre sa dernière province italienne. Elle était exclue de l'Allemagne, humiliée militairement, et éprouvait un sentiment de rancune profonde. L'Italie était partagée entre la reconnaissance qu'elle devait à l'empereur, — qui après l'avoir créée par sa seule volonté, la froissait constamment dans ses aspirations vers Rome, — et les liens nouveaux que les récents succès de la Prusse venaient de faire naître. Les sentiments personnels du roi Victor-Emmanuel et des hommes politiques qui étaient aux affaires nous étaient très-favorables ; mais les intérêts italiens leur commandaient de ménager la Prusse, la France ne voulant pas abandonner Rome, seule capitale possible de l'Italie unifiée.

Les positions respectives de ces quatre puissances expliquent les recherches d'alliances auxquelles elles se livraient en vue d'éventualités et de complications qui s'imposaient à tout esprit

prévoyant. Elles motivèrent une série de tentatives diplomatiques après le bouleversement causé
par la guerre de 1866. Il serait trop long de rap-
peler les nombreux pourparlers qui eurent lieu de
1866 jusqu'en 1868. Ils n'ont d'ailleurs pas abouti
à des résultats appréciables.

Il y eut bien, en août 1867, l'entrevue de Salz-
bourg entre l'empereur des Français et l'empereur d'Autriche, mais ce fut plutôt une visite de
courtoisie, amenée par un besoin peu défini
d'explications entre les souverains et leurs ministres, qu'une entrevue provoquée en vue de la
réalisation d'un plan politique. Aussi n'a-t-elle
abouti qu'à l'échange d'un procès-verbal non signé
de conversations assez insignifiantes, rédigé par
M. de Beust dans un français douteux, où il est
surtout question d'une entente vague et d'une
conduite commune en Orient.

Les négociations sérieuses ne datent que de
1868. l'Italie en a pris l'initiative, cherchant à
régler l'affaire de Rome pour se compléter et résoudre ses difficultés intérieures, financières et politiques, contre lesquelles elle luttait péniblement.

L'Autriche, informée de ces projets d'alliance
entre la France et l'Italie, se montra très-favora-
ble et empressée d'y prendre part. Divisé de ten-

dances et mû par des motifs différents, le personnel gouvernemental autrichien était tout entier
d'accord pour souhaiter une alliance entre les
deux empires et l'Italie. L'empereur d'Autriche
voulait relever son prestige : très-jeune encore,
il avait essuyé des défaites militaires, perdu des
provinces, et se trouvait en face de graves pro-
blèmes de réorganisation intérieure. Le parti
militaire, personnifié dans son chef le plus illustre
et le plus influent, le seul général autrichien
victorieux, l'archiduc Albert, voulait relever la
gloire des armes autrichiennes. M. de Beust,
devenu premier ministre d'Autriche, quoique
étranger, et après avoir fâcheusement conduit la
politique de son pays, la Saxe, se considérait
comme un esprit supérieur auquel un grand théâ-
tre était nécessaire pour y développer ses quali-
tés d'homme d'Etat ; avec plus d'esprit que de
caractère, il était inquiet et agité. Il n'était pas
jusqu'au prince de Metternich, ambassadeur d'Autriche à Paris, qui ne vît dans sa grande intimité
avec les Tuileries un moyen de rehausser sa posi-
tion et de servir efficacement son pays par son
influence. Le concours de ces différents person-
.nages fournissait à l'Autriche de grands moyens
d'action sur la France.

II.

NÉGOCIATIONS ENTRE LA FRANCE, L'AUTRICHE ET L'ITALIE EN 1869.

Il serait difficile de dire avec précision quel jour et dans quels termes les premières ouvertures furent faites par l'Italie. Ce ne furent d'abord que des conversations fortuites, des phrases dans des lettres intimes traitant de beaucoup de sujets. L'empereur Napoléon et le roi d'Italie échangèrent leurs vues sur un traité défensif pouvant devenir offensif. Ces négociations, commencées en 1868, durèrent jusqu'en juin 1869. Les souverains se servirent d'abord d'intermédiaires officieux. Le conseiller principal à Paris fut M. Rouher, ministre d'État, auquel M. le marquis de Lavalette prêta souvent un concours intime. Le général Menabrea, président du conseil en Italie, n'intervint que lorsque les négociations étaient déjà assez avancées. M. de Beust, premier ministre d'Autriche, savait tout et était tenu au courant par M. de Metternich agissant moins comme ambassadeur que comme familier des Tuileries. Beaucoup de notes, de lettres particulières furent échangées, mais aucune pièce officielle ne fut transmise. Très-souvent, sinon d'une façon tout à fait suivie et journalière, j'étais le dépositaire des confidences de la France et de l'Italie et leur intermédiaire.

A un moment donné, les négociations prirent un corps par la rédaction d'un projet de traité. Il fallut bien alors faire intervenir, en Italie surtout, les ministres responsables, qui voulurent consulter quelques-uns de leurs amis politiques. La négociation, quoique restant officieuse et non officielle, passa cependant du cabinet des souverains dans les chancelleries. Ce changement de terrain accentua les résolutions à prendre. Entre les souverains, on avait parlé sans s'expliquer très-ouvertement, de peur de ne pas s'entendre, des affaires de Rome ; on sentait bien réciproquement que c'était le point délicat, et par cela même on évitait de le traiter à fond ; se contentant de vagues assurances, se berçant de l'espoir d'amener le pape à un arrangement, on se bornait à chercher provisoirement un *modus vivendi*. Souvent, dans les négociations difficiles, on convient d'abord des points sur lesquels on est d'accord, réservant les plus importants, sur lesquels il y a divergence; cette manière d'agir était à la fois conforme au caractère de l'empereur, si embarrassé sur la question du pape, et aux habitudes italiennes.

Quand les ministres furent intervenus (ce qui ne surprit point les personnes qui suivaient comme moi les négociations et qui connaissaient le fond des choses), l'Italie demanda formellement, comme contre-partie de l'action effective qu'elle promettait, le règlement de la question romaine sur la base de l'évacuation de Rome par les troupes françaises.

Le traité devait réaliser une triple alliance entre la France, l'Autriche et l'Italie. L'Autriche, au moins par l'organe de M. de Beust, se montrait très-hostile au pouvoir temporel des papes, en excitant l'Italie dans ses exigences sur Rome, afin peut-être de couvrir la situation de son premier ministre vis-à-vis de la majorité libérale et anti-cléricale du parlement de Vienne.

On aboutit enfin à une rédaction en peu d'articles qui stipulait une triple alliance défensive de nature à se transformer aisément en alliance offensive; et l'Italie, appuyée par l'Autriche, demanda formellement pour Rome le retour à la convention du 15 septembre, c'est-à-dire l'évacuation par nos troupes sans pouvoir y revenir, admettant même la possibilité pour les Italiens d'y entrer. C'est sur ce dernier point, après des tentatives longues, laborieuses, que l'on ne put s'entendre. Une communication officieuse de M. de Lavalette, ministre des affaires étrangères, fit savoir au cabinet italien qu'on n'était pas d'avis de donner suite au traité ; que toute négociation était suspendue et que la France se réservait de la reprendre quand elle apprécierait qu'elle aurait plus de chance de réussir. Dans la pensée de l'empereur Napoléon, la mort du pape était une de ces hypothèses, se croyant plus engagé envers Pie IX, comme nous l'avons dit en commençant, qu'envers son successeur, qui serait peut-être moins intraitable.

On a produit dans les journaux des textes de traité inexacts comme date et comme rédaction. Ainsi l'article où il est question de disposer d'un canton suisse, le Tessin, est absolument faux et inventé. Bref, la négociation abandonnée fut ajournée plutôt que rompue en juin 1869. Pour ne pas perdre complétement le fruit de tant d'efforts et dans l'espoir de reprendre plus tard ce traité si les circonstances se modifiaient, il y eut un échange de lettres personnelles entre l'empereur Napoléon et l'empereur d'Autriche, entre l'empereur Napoléon et le roi d'Italie, entre le roi d'Italie et l'empereur d'Autriche. Ces lettres, témoignages de l'amitié et du bon vouloir des souverains, communiquées à plusieurs personnages qui les ont lues, constataient que la négociation n'avait pu aboutir à cause de la question romaine.

Ces lettres étaient importantes en ce qu'elles promettaient, le cas échéant, un appui réciproque sans le préciser formellement.

Il est donc bien établi que la négociation de 1869, la plus importante, quelques mois avant la guerre, aurait abouti à la signature d'un traité entre les trois souverains, si l'accord s'était fait sur la question romaine. L'alliance entre la France, l'Autriche et l'Italie a échoué à cause de la clause sur Rome. C'est là un fait indéniable.

III.

NÉGOCIATIONS EN 1870.

De toute la négociation de 1869, il ne restait que l'échange des lettres personnelles des souverains. L'Italie, qui n'avait pu obtenir un arrangement sur Rome, se considérait comme dégagée. L'Autriche, qui n'avait jamais voulu d'un traité à deux entre elle et la France, mais d'un traité à trois avec la France et l'Italie, était aussi déliée.

L'empereur des Français crut avoir dans les lettres de l'empereur d'Autriche et du roi d'Italie l'assurance que ces lettres pourraient, à un moment donné, servir de base à la rédaction d'un traité qu'on n'aurait plus qu'à signer en quelques jours. L'événement a prouvé que c'était une grave erreur. Mais, il faut le reconnaître, la conduite des deux représentants à Paris de l'Autriche et de l'Italie, MM. de Metternich et Nigra, était bien faite pour illusionner l'empereur. Ces deux envoyés, dans des conversations particulières, dans des épanchements intimes très-explicites, affirmaient à ce point les bonnes dispositions de leurs gouvernements qu'ils les engageaient plus qu'ils n'y étaient autorisés. Les rapports fréquents et directs qu'ils avaient avec les Tuileries ont évidemment égaré Napoléon III et son entourage. Ils ont créé et entretenu des espérances trompeuses. Tel est le danger de ces relations trop intimes et trop personnelles entre un souverain et des ministres étrangers. Les motifs les plus frivoles, dans ce commerce familier avec les Tuileries, où ils cherchaient à plaire, ont pu conduire les représentants de ces deux cours à faire croire à l'empereur que l'alliance de leurs gouvernements serait plus facile à obtenir qu'elle ne l'était en réalité.

L'année 1870 ne tarda pas à dissiper ces illusions. L'avénement du cabinet libéral du 2 janvier fut considéré en Italie comme l'abandon de la part de la France de toute arrière-pensée belliqueuse; l'empereur, sous l'influence du parti clérical, n'ayant pas voulu régler les affaires de Rome, desquelles dépendait le traité avec l'Italie, le cabinet italien fut convaincu que le maintien du pape à Rome primait le désir d'avoir une alliance avec lui et l'Autriche, et, tout en applaudissant au changement libéral qui s'opérait en France, il éprouvait un certain regret de voir ajourner à une époque indéterminée la question romaine. Il crut que l'attention de l'empereur était bien plus portée sur l'intérieur, par l'établissement d'un régime libéral, que vers la guerre.

Avec l'Autriche, l'intimité s'accrut, les échanges de vue, de craintes, d'espérances fondées sur des rancunes communes, devinrent plus fréquents, surtout lors d'une visite de l'archiduc Albert à Paris aux mois de février et mars 1870. Les conversations portèrent principalement sur la question militaire ; on se préoccupait moins de prévoir les complications politiques qui pourraient amener la guerre que de régler la conduite à tenir quand elle arriverait. Les procédés peu scrupuleux, agressifs, souvent hautains de la Prusse motivaient ces appréhensions belliqueuses. L'empereur Napoléon écoutait plus qu'il ne parlait. Le général L... fut envoyé à Vienne, après le voyage de l'archiduc à Paris, avec mission de discuter les bases stratégiques de la guerre, si elle devenait inévitable.

La crise provoquée par les affaires d'Espagne tomba comme un coup de foudre sur la France au milieu de sa transformation politique. L'empereur sentit dans cette grave situation que l'heure était venue de faire aboutir cette triple alliance, discutée pendant si longtemps, que la guerre imminente imposait aujourd'hui. M. de Beust suggéra à propos de cet incident des solutions peu sérieuses : il conseilla de laisser embarquer le prince de Hohenzollern et de le faire arrêter en mer par la flotte française. Les événements se précipitèrent au delà de toute prévision.

Dans la seconde semaine de juillet 1870, l'empereur reprit les négociations de 1869, et, s'appuyant sur les lettres des deux souverains qui avaient marqué et clos cette négociation, proposa la signature d'un traité en trois articles qui stipulait l'action armée des trois puissances. Ce projet fut envoyé à Florence et à Vienne. L'Italie, toujours encouragée par l'Autriche dans ses exigences antipapales, y ajouta un quatrième article portant que la France s'engageait à faire accepter par le pape un *modus vivendi* avec elle. Cet article additionnel, qu'elle proposait de laisser secret, fut soutenu avec vivacité par l'Autriche. L'Italie déclarait qu'elle ne pouvait prendre part à une guerre en faveur de la France sans un grand intérêt italien, c'est-à-dire sans donner à l'opinion publique une satisfaction au sujet de Rome. Des avis de toute nature, officieux et officiels, ne manquèrent pas au gouvernement français. Fidèle à notre décision de ne nous servir aujourd'hui que de documents déjà publiés, nous rappelons une lettre du général Türr, Hongrois au service de l'Italie (1). La voici dans son style étranger et original, avec la réponse du ministre des affaires étrangères, si décisive et qui dénotait un parti pris le 30 *juillet;* l'exactitude de ces documents a été reconnue par le général Türr :

« Florence, le 27 juillet 1870.

« Monsieur le duc,

« A peine arrivé ici, je suis allé voir les ministres et les hommes marquants des différents partis. J'ai dû me convaincre et je dois dire à votre excellence que, si on désire entraîner l'Italie promptement dans une action, il faut faire quelque chose de plus quant à la question de Rome, car la convention de septembre expliquée par M. Drouyn de Lhuys, au lieu d'un bien, est une complication pour le gouvernement italien. . . . . . .

« On comprend parfaitement que la France ne puisse pas livrer le pape pieds et poings liés, mais le gouvernement de l'empereur ne pourrait-il pas donner de secrètes promesses à l'Italie, afin que celle-ci soit à même

(1) Lettre du général Türr au duc de Gramont, publiée par les journaux anglais.

de dire au pays que la question nationale italienne aura
sa parfaite solution avec la guerre?

« Le gouvernement, rassurant la nation, pourrait l'entraîner tout entière avec promptitude. . . . . . .

« Le ministre de la guerre a beaucoup goûté mes paroles et me dit que cela serait superbe si on pouvait
mettre d'accord tous ces mouvements, je lui répétais :
Volere è potere, dunque voliate; une forte décision prise
par le gouvernement fera évanouir toutes les difficultés.

« Sachant que votre excellence est très occupée, je
passe sous silence les mille intrigues suscitées par les
Prussiens. . . . .

« Je pars ce soir pour Vienne.

« E. Türr. »

Cette lettre, pour éviter tout retard et toute indiscrétion, fut envoyée par Mme Türr, qui l'a
remise à Paris le 29 juillet. — Le général Türr
était arrivé à Vienne le 29 au soir. Le 30 juillet,
le prince Latour d'Auvergne, notre ambassadeur
à Vienne, lui communiqua la dépêche suivante :
« Duc de Gramont au prince Latour d'Auvergne. —
Dites au général Türr : reçu sa lettre. Il nous est
impossible de faire la moindre chose pour Rome;
si l'Italie ne veut pas marcher, qu'elle reste. »
Le roi Victor-Emmanuel manifestait person-
nellement les meilleures dispositions pour la
France. Le ministère italien était plus exigeant,

et le premier ministre d'Autriche affirmait, tant à Paris qu'à Florence, qu'il ne signerait rien sans l'Italie, laquelle ne signerait rien elle-même sans obtenir satisfaction sur Rome. La preuve s'en trouve dans une dépêche signée par M. de Beust, adressée de Vienne, le 20 juillet 1870, au prince de Metternich à Paris. — Voici cette dépêche publiée, reconnue vraie et authentique par le duc de Gramont : « Dans le même télégramme, je vous ai parlé de l'évacuation de Rome, question qu'il importe, selon nous, de ne pas laisser en suspens, mais de résoudre immédiatement. La convention de septembre, qu'on ne se fasse pas illusion à cet égard, ne cadre plus avec la situation.

« Nous ne pouvons pas exposer le saint-siége à la protection inefficace de ses propres troupes. *Le jour où les Français sortiront des États pontificaux, il faudrait que les Italiens puissent y entrer de plein droit et de l'assentiment de l'Autriche et de la France. Jamais nous n'aurons les Italiens avec nous de cœur et d'âme si nous ne leur retirons pas leur épine romaine.* »

Il n'est pas possible d'être plus net que le gouvernement autrichien. La seule phrase ambiguë est celle où M. de Beust dit : « Nous ne pouvons exposer le saint-siége à la protection inefficace de ses propres troupes. » C'était une inexactitude et une phrase banale pour trouver un prétexte diplomatique à l'occupation de Rome par les Italiens. Le premier ministre d'une puissance catholique croyait devoir mettre en avant ce pauvre raisonnement du pape protégé contre lui-même. Cela ne mérite pas qu'on s'y arrête. L'important est que l'Autriche croyait l'occupation de Rome par les Italiens, malgré le pape, nécessaire, et qu'elle la conseillait.

Le prince de Metternich, obligé de se faire l'interprète d'une politique qui n'était pas la sienne, transmettait au ministre des affaires étrangères à Paris les ordres de son gouvernement, mais, en les transmettant de mauvaise grâce, il s'en excusait et avait l'air de les blâmer.

Les événements marchaient plus vite que les négociations. L'envoyé italien, qui de Florence avait dû passer par Vienne, arriva à Paris, le 1er août, quand l'empereur était déjà parti pour Metz, où il alla le rejoindre. Le gouvernement français, ne prévoyant pas un dénouement militaire rapproché, fit de graves objections sur l'article 4 ajouté à Florence et à Vienne, et portant règlement implicite de la question romaine. Le traité proposé stipulait qu'il faudrait un certain temps à l'Italie pour modifier sa politique jusque-là toute pacifique et se mettre sur le pied de guerre. — L'Autriche aussi demandait quelques semaines. La première quinzaine de septembre fut indiquée comme la date la plus rapprochée pour donner à ces deux puissances le temps de faire leurs préparatifs.

Ces derniers pourparlers à Metz m'ont laissé des souvenirs trop poignants pour que leurs moindres détails ne soient pas restés gravés dans mon esprit. L'empereur, dans ses indécisions, faisait entre autres objections celle que le projet était mal rédigé et que l'incorrection de la forme ne permettait pas de le signer. Je me permis ce conseil : « Signez, sire, signez le projet qui vous est soumis, même avec ses fautes d'orthographe, elles importent peu ; prévenez par le télégraphe Vienne et Florence que vous acceptez et avez signé, pour engager vos alliés. Si nous sommes victorieux, vous obtiendrez facilement des modifications, et si nous sommes battus, vous aurez au moins ce traité, qui sera une sorte de retranchement où vous pourrez puiser un espoir d'appui, mais signez *avant* que les armes aient prononcé, c'est utile à tous les points de vue. » Les traces de ces efforts se trouvent dans une lettre écrite par l'empereur, datée de Metz le 3 août et que j'ai lue depuis. Voici les propres termes de la lettre de l'empereur : « Malgré ce que propose X..., malgré les efforts de Napoléon, je ne cède pas pour Rome. »

L'envoyé italien emportait de Metz des modifications à la rédaction convenue entre Florence et Vienne. C'étaient de nouvelles longueurs ; malheureusement elles semblaient ne pas effrayer le gouvernement français, qui, croyant à des succès militaires, était certain d'entraîner l'Autriche et l'Italie sans condition sur Rome après sa première victoire. L'opinion générale des gouvernements en Europe encourageait ces espérances, tellement était grand le prestige militaire de la France. L'envoyé italien repartit le 3 août, les batailles de Wœrth et de Forbach furent perdues le 6 août. Le simple rapprochement de ces dates est plus éloquent que tous les raisonnements et nous amène à reconnaître que, quand même la France aurait accepté sans modifications le traité qui lui était présenté, nos défaites auraient peut-être empêché l'Italie et l'Autriche de le ratifier et de se déclarer pour la France battue, qu'elles ne pouvaient être prêtes à soutenir que vers le 15 septembre.

Envoyé de Châlons en Italie avec des instructions personnelles de l'empereur et un ordre militaire signé du commandant en chef de l'armée, le maréchal de Mac-Mahon, j'arrivai à Florence le 20 août. Mes instructions étaient de demander le secours armé de l'Italie et de l'Autriche, en laissant l'Italie libre de faire ce qu'elle voulait à Rome; je n'aurais pas accepté de mission sans cette clause. Mais il n'était plus temps, et la concession sur Rome était trop tardive. L'Italie demanda à consulter l'Autriche, ce qui fit perdre quelques jours. L'Autriche tarda à répondre. Les nouvelles militaires étaient tellement mauvaises qu'elles rendaient tout secours armé impossible à obtenir.

Le 4 septembre arriva, et avec lui disparut la dernière lueur d'espoir d'un concours armé en faveur de la France. La mission de M. Thiers auprès de toutes les cours est une preuve accablante que non-seulement nous avions perdu nos alliances, mais jusqu'aux dernières sympathies de l'Europe. Telle est la vérité sur les négociations intervenues entre la France, l'Autriche et l'Italie en 1868-1869 et 1870. Les projets de traités, lettres des souverains, lettres particulières, dépêches télégraphiques, existent. Quand les détenteurs de ces documents le voudront, ils pourront les produire.

Sans pouvoir l'affirmer, je crois inexact ce que

l'on a dit des promesses faites par la Prusse à l'Italie. Quand les Italiens entrèrent à Rome, le 20 septembre 1870, ils étaient assez inquiets de savoir comment la Prusse jugerait cette occupation. Un incident explique cette indécision. Le pape, en face de l'entrée imminente des Italiens, écrivit au roi de Prusse pour implorer son appui. La lettre du souverain pontife est arrivée avant le 20 septembre au quartier général de Ferrières, où les préoccupations militaires empêchèrent le premier ministre allemand d'exposer à son souverain une affaire de cette importance et de prendre immédiatement ses ordres. Il y eut un assez long silence de la Prusse, de là inquiétude en Italie, espoir à Rome. On le voit, toutes les influences furent implorées par le saint-père ; s'il a donné ses prières à la France malheureuse, il a sollicité l'appui de la Prusse victorieuse.

Je ne prétends pas que les alliances que nous pouvions avoir eussent empêché toutes les fautes commises, les fautes militaires surtout, non ; mais il est de la dernière évidence qu'alliés à l'Autriche et l'Italie, nous eussions eu toutes les chances pour nous, et en tout cas les conséquences de nos défaites eussent été moins funestes.

IV.

CONCLUSION.

Il résulte de ce récit qu'il y a eu deux négociations : la première et la plus sérieuse, celle de 1868-1869, a échoué par le refus formel de la France de s'entendre avec l'Italie sur le règlement de la question romaine. C'est l'influence du parti clérical qui a empêché à cette date la signature d'un traité qui était fait et consenti entre la France, l'Autriche et l'Italie. Ceux qui ont connu comme moi ces négociations sont en mesure de restituer à chacun son rôle.

La seconde négociation, celle de 1870, a été reprise trop tard et avec trop de confiance dans la portée des lettres échangées entre les souverains. Si elle n'a pas eu le temps d'aboutir, on ne peut nier qu'il y eût encore de graves différences entre les conditions faites par l'Autriche et par l'Italie et celles que concédait la France jusqu'au 20 août, date de ma mission. Après cette date, ce qui a empêché tout secours, c'est la rapidité de nos défaites.

Une grande leçon ressort de ces faits, c'est que le parti clérical a été assez fort pour dominer l'empereur Napoléon III, pour dominer ses ministres, dont les personnalités les plus marquantes en 1870, quand la guerre a éclaté, étaient loin d'appartenir au parti clérical, sauf quelques ministres secondaires. Malgré l'empereur, malgré ses principaux conseillers, ce parti est parvenu à diriger la politique de la France. Quel autre exemple nous a donné le cardinal de Richelieu s'alliant aux protestants en Allemagne pendant qu'il faisait le siége de La Rochelle ! Faut-il en conclure qu'alors les politiques catholiques aimaient davantage leur patrie, et que sa grandeur, son triomphe, étaient préférés à l'esprit de parti ? Que le parti clérical ait au moins le courage de ses opinions. Au lieu de se sentir blessé par le reproche d'avoir placé le pouvoir temporel au-dessus des alliés que la France pouvait avoir, il devrait s'en glorifier, et pour être conséquent, dire : Le pape avant tout, même avant la patrie !

Cette politique, imposée à Napoléon III, est la cause principale de nos désastres, et l'histoire impartiale dira que le pouvoir temporel des papes a coûté à la France l'Alsace et une partie de la Lorraine.

Paris. — Imprimerie de E. Donnaud, rue Cassette, 1.

www.ingramcontent.com/pod-product-compliance
Lightning Source LLC
Chambersburg PA
CBHW061728060726
47597CB00006B/2621